Topos Taschenbücher
Band 217

Josef Osterwalder

Beten wie mir zumute ist

Klage · Freude · Stille · Trauer · Dank

Topos Taschenbücher

Unveränderter Nachdruck der
3. Auflage 1984

Die Deutsche Bibliothek – CIP-Einheitsaufnahme

Osterwalder, Josef:
Beten wie mir zumute ist: Klage, Freude, Stille, Trauer, Dank / Josef Osterwalder. –
1. Aufl., unveränd. Nachdr. der 3. Aufl. 1984. –
Mainz: Matthias-Grünewald-Verl., 1991
(Topos-Taschenbücher; Bd. 217)
ISBN 3–7867–1587–4
NE: GT

Reihengestaltung: Harald Schneider-Reckels und Iris Momtahen
Umschlag: Erhardt Klonk Emmaus, 1957, Monzingen
Copyright by Buch-Kunstverlag Ettal
Gesamtherstellung: Clausen & Bosse, Leck

Inhalt

Zur Einführung

Wir sagen »beten« und vergessen manchmal,
wie vielgestaltig das ist, was wir
»beten« nennen.
Es hat Aspekte von:
danken, klagen, bitten, vergeben,
sich freuen, erzählen, hören, reden,
schweigen, bereuen, singen, weinen.
Das Beten ist so vielfältig
wie das Leben selbst.
»Alles hat seine Stunde«, sagt die Weisheit
des Predigers.
Und Aufgabe des Betens ist es,
dieser Stunde, dem »heute« zu dienen:
es gibt eine Zeit zum Klagen
und eine Zeit zur Freude,
eine Zeit der Stille
und eine Zeit des Weges,
eine Zeit zum Trauern
und eine Zeit zum Danken ...
Von diesen Gedanken her
ist die Ordnung der folgenden Gebete
bestimmt.

Josef Osterwalder

Klagen hat seine Zeit

Herr,
hörst Du den Schrei
der hungernden Kinder;
siehst Du ihre aufgedunsenen Bäuche,
ihre spindeldürren Arme und Beine;
siehst Du die Not der Mutter,
die ihrem Kind kein Brot geben kann?
Siehst Du die Menschen,
die keine Arbeit finden,
weil der Hunger sie schwächt,
und die Hunger leiden,
weil sie nicht arbeiten können?
Sie leiden unter dem Hunger.
Sie leiden noch mehr unter der
Ungerechtigkeit.
Sie wissen, daß es Länder
mit satten Menschen und vollen
Lagerhäusern gibt.
Dies macht den Hunger zum Schmerz,
die Klage zur Anklage.
Hörst Du sie?
Hören wir sie?

Herr,
wir sind betroffen vom Krieg.
Wenn geschossen wird,
wenn Panzer rollen
und Bomben geworfen werden,
dann trifft das alle,
und die Wunden, die geschlagen werden,
es sind die Wunden der Welt.
Wie schwer ist es unter Bomben zu beten,
im Kriegslärm Dich zu suchen.
Wie schwer ist es
vor dem Bild unschuldiger Opfer,
getöteter Frauen und Kinder zu glauben,
daß Dein die Macht ist.
Unser Gebet scheint so schwach,
und wir beten es mit geteiltem Herzen.
Wir selber sind ja nicht frei
von Haß und Rache.
Wir selber haben Unfrieden gesät
und Zwietracht geerntet,
wir selber kennen uns im Finstern
ebenso gut aus
wie im Licht.
So beten wir allein auf Hoffnung hin,
die wider alle Hoffnung steht,
mit einem Glauben,
der gegen Berge stehen muß,
mit Licht,
das von Finsternis bedrängt wird:
Herr, zeige Dich, als unser Gott.

Herr,
hörst Du die Klagen der Kleinen,
der Zu-kurz-gekommenen,
Erfolglosen;
der Leute, die es nicht geschafft haben;
der geborenen Diener,
die man für jede Schmutzarbeit gebrauchen kann,
die Beleidigungen stumm einstecken,
die niemals aufmucken.
Siehst Du,
wie sie ihre Erniedrigung tragen
und keinen Ausweg wissen?
Nur im Traum kennen sie ein anderes, besseres Leben.
Aber sie wagen es nicht mehr zu träumen,
sonst reiben sie sich wund an der Wirklichkeit,
die sie eingemauert
und erniedrigt hält.

Herr,
Menschen möchten frei leben,
sich selbst verwirklichen,
ihre Möglichkeit entfalten.
Wer gibt ihnen solches Leben?
Einer wird durch
seine Arbeit abgestumpft;
einer spürt, daß er bereits
zu viele Kompromisse geschlossen hat;
einer merkt,
daß seine Gutmütigkeit ausgenützt wird.
Herr,
Du hast die Last der Menschen getragen,
bist mitgegangen
in diesem langen Zug
der Erniedrigten und
Beleidigten.
Du hast Dich vor solchen
Menschen hingekniet
im demütigenden Dienst
der Fußwaschung.
Herr, Deine Hingabe hat
aus Erniedrigten eine Gemeinschaft
gemacht;
aus Beleidigten Hoffende;
aus Unterdrückten Menschen,
die ein Ziel haben,
und einen Weg:
Deinen Weg.

Herr,
hörst Du die Fragen
der Zweifelnden;
die Menschen,
denen der Glaube zerbricht;
die nur noch Scherben wahrnehmen,
keinen Sinn mehr sehen?
Herr,
spürst Du,
wie Fragen quälen können;
wie dunkel es sein kann,
wenn das Leben seinen Sinn
zu verlieren scheint?
Herr, siehst Du die Enttäuschung
der Menschen,
die für das Gute eingetreten sind,
für Gerechtigkeit, Ausgleich, Frieden
und an der Wirklichkeit
scheitern mußten?
Ihnen zerbricht nicht nur
ein gut gemeinter Plan,
oft zerbricht der Glaube selbst
und weicht dem Zweifel,
der nagt, klagt und anklagt.
Hörst Du sie?

Herr,
Du neigst Dich
den Menschen zu.
Du bist da,
kommst uns entgegen,
begegnend,
verstehend.
Kranke haben es begriffen
und Deine Hand gesucht.
Du hast ihnen mehr gegeben,
hast Dich ganz zu ihnen gezählt,
hast Dich mit ihrem Geschick verbunden.
Du sagst: Was ihr dem kranken
Mitmenschen tut,
das habt ihr mir getan.
Jetzt kann ich Dich nicht mehr
irgendwo suchen;
ich muß (ich darf!) zum leidenden
Menschen gehen;
muß (darf!) dorthin gehen,
wo Menschen Schmerzen aushalten.
Ein Mann aus Samaria hat es verstanden.
Priester und Levit
hatten Ausreden bei der Hand,
und gingen vorüber.
Herr, laß mich spüren:
in den Klagen der Kranken
rufst Du mich.

Herr,
hörst Du die Stimme der Sterbenden,
die Worte,
die sie kaum mehr sprechen können?
Siehst Du ihre Hilflosigkeit;
ausgeliefert,
suchen sie sich,
ins Dunkel des Todes zu ergeben.
Hörst Du den Schrei der Menschen,
die viel zu früh
aus dem Leben gerissen werden,
die Verunfallten, die Krebskranken?
Siehst Du, wie früh
die Ahnungen und Schatten des Todes
in jedes Leben fallen,
seine Freude trüben,
seine Leichtigkeit zerstören?
Siehst Du die Menschen,
die hilflos einem Sterbenden zusehen müssen;
die Lücke, die jeder Tod
ins Leben der Mitmenschen reißt?
Hörst Du
die stumme Klage der Toten?

Herr,
wir können den Tod
nicht verstehen.
Es ist so schwer einfühlbar,
daß das Leben plötzlich abbricht,
seine Bewegung
unvermittelt ausläuft;
daß unser Herz
aufhört zu wünschen,
zu hoffen, zu lieben.
Wir stehen betroffen,
hilflos da,
wenn ein Mensch stirbt.
Ohnmächtig, ohne zu begreifen,
daß alles was an ihm lebt,
plötzlich erstarrt,
und nichts an ihm mehr
Antwort geben kann.
Du, Herr, hast einmal
toten Menschen die Hand gegeben,
bist ihnen begegnet,
und ihr Leben ist nochmals aufgebrochen;
Dein Leben hatte ihren Tod umschlossen.
Du selbst hast Dich sterbend
dem lebendigen Gott in die Hand
gegeben.
Dein Schrei am Kreuz
war ein Ruf nach dem Leben.

Gott,
wir Menschen
benehmen uns wie die Herren
Deiner Schöpfung.
Wir haben sie nicht nur dienstbar
gemacht,
wir haben sie gänzlich unterworfen,
haben sie auskundschaftet
und zögern nicht,
alle ihre Schätze in Griff zu bekommen,
auszubeuten
und auszuwerten.
Wir sind stolz auf unsre Forschungen,
stolz auf unsre Vernunft.
Aber plötzlich spüren wir,
daß wir maßlos
Gesetze und Schranken mißachtet
haben.
Statt aufzubauen,
richten wir ein chaotisches
Durcheinander an.
Herr,
wir spüren,
nur dort ist die Welt lebbar,
wo Du, wo der Mensch,
der Maßstab des Denkens, Forschens,
Handelns bleibt.

Freude hat ihre Zeit

Aus Tiefen rufe ich Dich, Du,
Herr, höre meine Stimme,

höre das Schreien der Menschen,
den Schmerz der Gequälten,
das Verstummen der Einsamen,
das Wimmern der hungernden Kinder.

Gibt es Freude nur für einzelne?
Gibt es keine Freude,
die für alle Menschen reicht?

Aus Tiefen rufe ich Dich, Du,
Herr, höre meine Stimme,

zeig Dich als unser Gott,
gib der Freude einen Platz,
laß sie nicht verloren gehen,
befreie uns aus den Zweifeln,
befreie uns zur Freude.

Deine Freude
ist ausgerufen,
Dein Friede
ist angebrochen,
Dein Licht
beginnt zu strahlen;

das Dunkel
wird erhellt,
die Angst
erlischt,
das Schreien
verstummt.

Deine Engel
bringen die Botschaft,
Dein Wort
verkündet die Freude,
Dein Sohn sagt:
das Reich der Freude
ist mitten unter uns.

Zögernd,
kleingläubig
reiben wir die Augen,
öffnen wir die Ohren,
das Reich der Freude
ist da.

Ich glaube,
daß diese Welt
aus der Hand
eines guten Gottes kommt,
der den Menschen Vater ist,
dem an den Menschen liegt,
der unsere Freude will.

Ich glaube,
daß in Jesus Christus
die Freude Mensch geworden ist,
daß er das Böse auf sich genommen
und ausgelitten hat,
daß durch seine Auferstehung
die Freude unbesiegbar wurde.

Ich glaube,
daß Gottes Geist
mächtig in den Menschen wirkt,
daß er uns zur Umkehr führt,
unsere Verkrampfungen löst,
unsere Traurigkeit in Trost,
unsere Angst in Freude verwandelt.

Amen.

Preiset Gott,
rühmt seine Macht,

jubelt ihm singend,
tanzt im Reigen,

spielt es auf Flöten,
trommelt es mit Pauken,

schmettert es mit Trompeten,
läutet es mit Glocken,

ruft ihm entgegen,
jauchzet ihm zu:

Gott, unser Gott
bist Du.

Heilig, heilig, heilig,
Gott, Herr aller Mächte und Gewalten,

erfüllt sind Himmel und Erde
von Deiner Herrlichkeit,

Hosanna in der Höhe!

Hochgelobt sei der da kommt
im Namen des Herrn.

Hosanna in der Höhe!

Jesus kam
mit einer frohen Botschaft,
er wollte den Menschen
die Freude bringen,
der Freude einen Ort,
einen Platz geben.

Aber die Menschen
wollten keinen Platz machen,
sie wußten mit seiner Freude
nichts anzufangen,
sie bedrängten
den Boten der Freude,
sie schlugen ihn ans Kreuz.

Jesus hat seine Botschaft
nicht widerrufen,
am Kreuz hat er sie festgemacht,
sichtbar für alle.

Und die Freude senkte sich
in die Erde ein,
wurde zum Samenkorn,
das sich vielfältig verstreut,
die Freude hinausträgt
in alle Welt,
zu allen Völkern,
in alle Zeiten.

Herr,
wir brechen das Brot
füreinander,

wir brechen die harte Schale,
mit der wir
unser Ich einschließen,

wir wagen es zu teilen,
uns mitzuteilen,
uns zu verlieren,

weil uns Deine Freude
aufgegangen,
weil Du am Kommen bist.

Amen.

Herr,
Du hast mich erforscht,
Du kennst mich.
Du weißt es,
wenn ich sitze,
wenn ich stehe,
ob ich ruhe
oder gehe.
Du kennst meine
Gedanken,
meine Wege,
jedes Wort,
das mir auf die Zunge kommt.
Du hältst mich
umschlossen,
von allen Seiten.
Du legst Deine Hand
auf mich.
Du bist mir nahe,
ganz still, geheimnisvoll
und wunderbar.

Amen.

Beten hat seine Zeit

Gott, wir bitten Dich um das Beten,
um wirkliches Beten,
um ein Herz, das sich erheben kann,
das sich emporschwingen kann
über die Sorge,
über den trüben Sinn,
den uns der Alltag immer wieder bereitet.

Wir bitten Dich um Worte,
die Kraft haben,
die uns emportragen,
Herr,
lehre uns beten. Amen

Gott,
Deine Stimme ist oft leise,
Deine Weisungen sind oft schwer verständlich,
Du legst uns keine fertigen
Rezepte vor,
Du gibst unserm Leben keine
vorgefertigte Bahn.

Du hast uns als Menschen erschaffen,
die fragend das Leben zu erkennen suchen,
als Menschen, die fähig sind,
Deine Begegnung zu suchen
und in Deiner Gegenwart
die Freude zu gewinnen. Amen.

Gott,
Liebe, Treue,
Gerechtigkeit und Frieden,
Wahrheit, Glück, Segen,
das sind nicht nur Worte,
die leer sind –
Das sind nicht nur Träume von Menschen,
denen es schlecht geht.
Es sind die Gaben Deines Kommens,
Deiner Nähe –
die wir erfahren,
wenn wir beten:
Dein Reich komme.

Gott,
Du hast Dich eingelassen
in die Geschichte der Menschen,
in meine eigene Geschichte.
Du kommst
als Brot,
als Wort,
als Frage.
Du trittst ein
in den innersten Kreis meines Ich.
Laß mich nicht
an der Schwelle stehen bleiben,
zögernd,
vor- und rückwärts blickend –
laß mich über alle Schwellen treten,
über alles hin,
was mich hindert zu Dir.

Vater unser im Himmel

Du bist Vater,
wir sind Geschwister,
der Kranke ist mein Bruder,
die Notleidende ist meine Schwester

geheiligt werde Dein Name

Du bist groß,
größer als alles,
und darum machst du dich klein,
um uns nahe zu sein.

Dein Reich komme

Du kommst,
deine Liebe kommt –
darum warten wir auf Dich,
heute und an jedem Tag

Dein Wille geschehe,
wie im Himmel so auf Erden.

Wenn alles nach Deinem Willen geht,
dann ist der Friede da,
die Freude,
dann gibt es keinen Krieg
und keine Not.

Unser tägliches Brot gib uns heute

Mein Brot und das Brot für
alle Hungernden in der Welt.
Meine Wohnung und eine Unterkunft
für alle Obdachlosen.
Meine Kleider und eine Decke
für alle Frierenden.

Vergib uns unsere Schuld,
wie auch wir vergeben unsern Schuldigern

Vergib, wenn wir das Brot nicht geteilt,
den Kranken nicht besucht,
den Einsamen nicht eingeladen haben.
Vergib, damit wir aufmerksam
werden für die Last des andern.

Und führe uns nicht in Versuchung

Laß nicht geschehen,
daß wir deine Nähe nicht mehr spüren.

Sondern erlöse uns von dem Bösen

Befreie uns von allem,
was böse ist in uns,
von Haß, Neid und Eifersucht.

Denn Dein ist das Reich
und die Kraft und die Herrlichkeit.
In Ewigkeit. Amen.

Nahe bist Du, Herr,
nahe und greifbar
in deinem hingegebenen Leib,
in deinem vergossenen Blut –
so laß uns selbst in Deine Nähe treten –
zu Deinem Wort, zu Deiner Gabe,
zu allen Menschen,
in denen Du zu finden bist.

Im Anfang war das Wort –
und das Wort war bei Gott –
und Gott war das Wort.
Gott ist Gemeinschaft,
ist Sprache und Dialog.
Wir sind gerufen und angesprochen durch dieses Wort.
Das Wort, das Leben schafft,
das Licht ist,
das leuchtet,
das in die Welt kam;
und das Wort ward Fleisch
und wohnte unter uns.
Und wir schauten seine Herrlichkeit,
weil sie der einzige Sohn von seinem Vater hat,
voll Gnade und Wahrheit.
Wahrheit – die sich verschenkt.
Licht – das verstrahlt.
Sprache – die mitteilt.
Wort – das sich selber gibt.

Danken hat seine Zeit

Ja, Herr,
es ist gut, wenn wir Dir dankbar sind,
denn wir sind Menschen,
die durch die Wüste irren,
die nicht wissen,
wer uns Nahrung, Wort und Leben geben kann.
Wir sind Menschen,
denen Du Dich erbarmt hast,
weil Du unseren schweren Gang,
unsere verbundenen Augen gesehen hast.
Uns brichst Du das Brot
und machst uns fähig,
daß auch wir uns mitteilen können,
einander – und Dir.

Ansprechbar sein für Gott,
wie Maria.
Er, der uns seinen Sohn schickt.
Ansprechbar:
Das Wort nicht überhören –
seine Zeichen nicht übersehen.

Wir danken Dir Herr, unser Gott,
für Dein Wort an Maria,
an das einfache Mädchen in Nazareth.
Wir danken Dir,
daß Du so gesprochen hast,
daß Sie verstehen, aufnehmen, annehmen konnte.
Wir danken Dir für alle Menschen,
die dieses Wort weitergetragen haben,
die spürten,
daß nicht allein Maria,
daß alle angesprochen sind,
alle Menschen guten Willens.
Wir danken Dir,
daß Du für uns selbst ein Wort hast,
ein wirkliches, lebendiges Wort,
das uns entgegenkommt,
das Mensch wurde:
Jesus Christus, Dein Sohn.

Wir danken Dir, Vater,
Herr unser Gott –
denn unter uns ist Deine Menschlichkeit erschienen.
Oft stellen wir uns Gott so fremd,
so gewaltig, so mächtig und unnahbar vor.
Da zeigt uns Dein Sohn
ein neues Bild von Gott,
das Herz Gottes, das liebt,
das offen ist,
das sich öffnen läßt.
Ein Gott, der Barmherzigkeit ist,
der nicht das Opfer der Menschen –
sondern ihre Menschlichkeit will.
Ein Gott, der sich abwendet
von harten, selbstgerechten Menschen
und auf die Sünder zugeht,
sie annimmt,
und sie zu neuen Menschen formt.

Herr, unser Gott,
wir danken Dir für das Licht,
das unbegreifliche Licht,
das Du uns bist.
Unsere Augen sind gehalten,
Licht blendet.
Es enthüllt und verbirgt zugleich.
Es zeigt uns Deine Nähe
und entzieht Dich uns.
Du verschließt Dich den Neugierigen,
öffnest Dich den Armen,
öffnest Dich den Liebenden.
Wir danken Dir,
daß alles doch so einfach wird.
Wenn wir lieben,
bist Du in uns,
und sind wir in Dir.
Wenn wir lieben,
dann fällt alle Angst von uns ab,
aller Zweifel,
alle Unsicherheit.
Denn Du, Gott,
bist größer als unser Herz,
du weißt
und verzeihst alles.

Ja, Vater,
es ist richtig, wenn wir Dir danken,
Du bist unser Gott,
der Gott Himmels und der Erde,
dessen Geheimnis für uns unfaßbar, erhaben –
und zugleich nahe, beglückend nahe ist –
in Jesus Christus, unserm Herrn.
Er hat die alltäglichen Dinge in seine Hände genommen
und sie wurden zu Gleichnissen Deiner Gegenwart.
Und damit wir dich nicht nur in der Ferne suchen,
sondern mitten in unserm Alltag,
darum nahm er Brot –
teilte es und sättigte die Menschen
mit Brot zuerst – aber mehr noch: mit Freude, Hoffnung, und Zukunft.
Darum danken wir Dir, gütiger Gott,
darum stimmen wir ein in den Lobpreis der Engel,
der Mächte des Himmels und beten zu deiner Ehre.

Herr, unser Gott, wir danken dir:
Denn Du bist unser Vater,
die Welt dankt Dir ihren Ursprung.
Seit es Menschen gibt, haben sie Dich gesucht.
Du gibst ihrem Leben Tiefe,
ihren Plänen Ausdauer,
ihrer Arbeit Bestand.
Denn Du bist ein Gott der Menschen.
Dein Reich ist mitten unter uns
– in den Menschen, die wir lieben,
in den Menschen, für die wir leben.
Wir danken Dir,
wenn Du uns die Augen für den andern öffnest,
wenn Du uns sehen läßt,
was der andere braucht,
was der andere für mich ist.
Wir danken Dir,
wenn Du unser Leben aufbrichst,
wenn Du nicht zuläßt,
daß wir nur noch uns selber und die eigenen Vorteile suchen.
Denn nur als offene, liebende Menschen
können wir etwas von Deiner Herrlichkeit spiegeln.

Wir danken Dir, Vater,
für Deine Größe.
Du entfaltest sie für uns nicht als Macht,
die uns zu Boden zwingt.
Du bist so groß,
daß Du klein sein willst,
daß Du uns nahe kommst im kleinen Brot,
daß Du zu unserm Herzen sprichst.
Deine Größe ist Deine Zärtlichkeit.
So bist Du, Herr.
Du machst Dich zum Diener der Menschen,
wäschst uns die Füße.
Er, der Herr wird zum Knecht,
damit der Mensch erhoben werde,
zum Sohn werde,
zum Erben.

Wir danken Dir Herr, unser Gott,
nicht, weil Du es verlangst –
oder weil Du uns Menschen erniedrigst.
Wir danken Dir frei und froh,
weil Du uns Deine Zuwendung gibst.
Du hast uns ein solches Maß an Liebe gegeben,
und so unfaßbar geliebt,
daß wir selber nicht anders können,
wir müssen zu Liebenden werden.

Zwar suchen wir noch immer,
Mauern aufzurichten gegen dich
und gegeneinander,
suchen Dich abzuschirmen,
suchen Liebe höchstens berechnend weiterzugeben.
Aber dann gibt es doch immer wieder den Augenblick,
wo die Liebe uns überwältigt
und alle noch so festen Mauern einreißt.
Für diese Augenblicke danken wir Dir.

Lieben hat seine Zeit

Gott ist größer als die Welt –
warum plustert sie sich so auf?

Gott ist größer als die Kirche –
warum nimmt sie alles so ernst?

Gott ist größer als ich –
warum nehme ich mich so wichtig?

Gott ist groß,
aber er macht sich klein,
wird zum Diener aller.

Der große Gott
erhebt uns,
der dienende Gott
liebt uns.

Seine Macht heißt Erbarmen
– Liebe.

Gott,
Du hast uns Menschen für die Freude erschaffen.
Du hast uns ein Herz gegeben,
Das Sehnsucht hat nach Liebe.
Du hast uns ein Gefühl gegeben,
Das stets nach dem Glück sucht,
Aber das spüren wir:
Freude kann man nicht allein genießen.
Lieben kann man nicht allein,
und ein einsames Glück würde bald vergehen.
Wir spüren:
Freude muß man teilen,
Liebe muß man schenken,
Zum Glück, da gehört der andere dazu.

Gott,
Wir Menschen brauchen Liebe.
Sie ist nicht ein Hobby,
nicht einfach ein bißchen Glanz in den Alltag.
Verschönerung des Feierabends.
Wir brauchen sie wirklich, dringend.
Sie ist so wichtig wie das tägliche Brot.
Wir brauchen sie wie die Luft zum Atmen,
wie den Boden, der uns trägt.
Wir glauben,
daß Du das in die Menschen hineingelegt hast,
daß sie sich nach Liebe sehnen,
sie suchen und finden.
Und wenn es so ist,
wenn alles von Dir kommt,
dann findet es auch zum rechten Ziel.

Gott,
Menschen sind auf dem Weg zueinander
und miteinander.
Sie geben einander die Hand,
wollen den Weg gemeinsam gehen.
Du, Gott,
hast die Menschen auf den Weg gestellt.
Du kennst seine Gefahren,
seine Möglichkeiten,
sein Ziel.
Laß es einen guten Weg werden.
Begleite Du die Menschen,
daß sie wirklich vorwärts kommen
und sich freuen über jedes neue Wegstück,
das sie gehen können.

Gott,
manchmal fallen uns die Worte leicht,
wenn es um die Liebe geht,
die Schwüre,
die Versprechen,
sie sprudeln hervor,
wenn Menschen verliebt sind.
Dann fällt ihnen das Reden nicht schwer.
Gott,
Du trägst unsere Worte,
bist bei uns auch dann,
wenn sie schwer fallen,
wenn die Liebe tragen muß,
wenn die Liebe Geduld braucht,
wenn wir einander vergeben sollen.
Du selber hast uns das Wort geschenkt,
die Liebe.

Gott, wir glauben,
Daß Du über unserm Leben stehst.
Du gibst ihm den Anfang,
alles kommt von Dir,
und Du begleitest unser Leben,
trägst es in Deiner Hand.
Wir Menschen dürfen mitwirken,
mitgestalten an unserm Schicksal.
Du machst unser Leben zum Weg.
Menschen erkennen ihn.
Spüren, wohin er führt.
Und manchmal begegnen sich zwei Wege,
Menschen, die der Liebe folgen,
können ihn finden.
Um das bitten wir,
daß wir in der Liebe wachsen,
daß wir spüren,
in der Liebe bist Du selber nah.

Herr, unser Gott,
Liebe empfinden wir als Aufgabe,
als eine Verpflichtung,
die unsere Anstrengung erfordert.
Demut sollen wir aufbringen,
Sanftheit und Geduld.
Wir sollen einander ertragen, vergeben.
Du, Herr, möchtest uns noch andere Weisen der Liebe zeigen.
Zuerst ist sie Dein Geschenk an uns.
Bevor sie unsere Aufgabe ist,
ist sie Deine Gabe,
die Du uns ständig neu schenkst.

Vater im Himmel,
wir wissen nicht viel von Dir,
Du bist ein geheimnisvoller Gott,
und für unsere Augen nicht sichtbar.
Aber etwas wissen wir ganz gewiß,
daß Du voll Liebe bist,
Du hast diese Erde, dieses Weltall
und alle Milliarden Sterne erschaffen,
damit an einem Punkt des Alls
das Herz des Menschen werde,
das Liebe empfangen
und Liebe schenken kann.
Aber wenn wir dieses wissen,
dann wissen wir alles,
was wir zum Leben brauchen,
denn die Liebe trägt uns
über alle Höhen und Tiefen hinweg,
sie schwingt sich hinauf in unfaßbares Glück.
Sie beugt sich aber auch tief
und ist bereit,
das Schwerste zu tragen.
Sie bezwingt alles,
und trägt auch über den Tod hinweg.

Leiden hat seine Zeit

Herr,
Du teilst uns das Leben ein
nach Deinem Maß.
Du gibst uns die Zeit zur Freude
und die Zeit der Tränen.
Du gibst uns die Zeit zum Tanzen
und die Zeit zur Trauer.
Laß uns eingehen auf Deinen Willen
und die Zeit leben,
die Du uns zuweist –
Deine Zeit.

Herr,
unser Leben ist gespannt
zwischen Freud und Leid –
Kummer und Lachen –
Trauer und Glück.
Voll gegensätzlicher Gefühle,
werden wir hin und her gezogen
und haben Mühe,
die ruhige Mitte zu bewahren.
Du bist Mensch geworden,
weißt, was ein menschliches Herz bewegt,
Du hast Dich mitgefreut,
hast mitgelitten.
Du selbst bist unsere Mitte.

Gott,
am Anfang hast Du die Welt aus Nichts geschaffen,
Du hast ihr eine Ordnung gegeben,
das Chaos zurückgedrängt
und die Mächte der Zerstörung verbannt.
Heute fühlen wir immer mehr,
daß die Schöpfung noch unvollendet ist,
daß böse Mächte noch immer herrschen,
daß die Ordnung bedroht
und das Chaos mächtig ist.
Wir bitten Dich:
bleibe bei uns,
bleibe der Erde treu,
schaffe sie neu,
so wie Du es am Anfang tatest;
gib der Welt einen neuen Beginn,
daß Friede wachse,
Verständnis,
Hilfe.
Laß sichtbar werden,
daß Du Dein bestes an die Welt verschenkt hast:
laß spürbar werden,
daß sie in Christus ist,
heimgeholt,
gerettet,
versöhnt.

Herr, unser Gott,
Du siehst auf uns,
Du weißt, was wir Menschen mit uns tragen,
Du weißt, daß wir dem Leiden,
dem Schmerz oft hilflos ausgeliefert sind.
Herr,
Du hast Weihnachten werden lassen.
Das Licht des Sternes ist aufgegangen,
das Zeichen der Rettung.
Laß sein Licht hinfallen auf alles Dunkle,
alles, was wir nicht verstehen,
auf alle Traurigkeit.
Als der Stern erschien,
da war es ein Zeichen, aufzustehen,
sich auf den Weg zu machen,
Betlehem zu suchen.
Laß uns Deinem Licht folgen,
aufstehen aus der Traurigkeit,
aufstehen zum Licht,
zur Geduld,
zur Hoffnung und zum Weg.

Herr,
Wir müssen an die Menschen denken,
die für ihren Glauben leiden,
die für ihre Hoffnung mit Schmerzen bezahlen.
Wir danken Dir.
daß Vertrauen so stark sein kann,
daß es Menschen gibt,
die uns zeigen,
wie wertvoll, wie kostbar
der christliche Glaube ist.
Wir danken Dir,
daß das Tiefe im Leben der Menschen verborgen ist,
daß es etwas gibt,
das man nicht töten kann,
das offen lebt,
und stärker ist als der Tod.
Wir danken Dir,
denn Dein Reich ist mitten unter uns.

»Wir hatten uns alle verirrt wie Schafe,
jeder ging für sich seinen Weg.
Doch der Herr lud auf ihn
die Schuld von uns allen«

Jes 53,6

Vieles belastet,
vieles macht schwer,
und viel Last liegt herum,
die keiner anfaßt.
Oft schleppen wir
die Last allein –
oder bürden sie
andern auf.

Du trägst die Last,
die nicht die Deine ist.
Sie haben sie Dir aufgeladen.
Alles, was die Menschen schwer,
unbeweglich und böse macht;
einer trägt sie für die andern.
Einer allein.
Halten wir das immer so,
daß einer tragen muß,
was andere angerichtet haben?

»Er wurde verachtet und von den
Menschen gemieden.
Ein Mann der Schmerzen,
mit Krankheit vertraut.«

Jes 53,3

Man kann schlagen,
verletzen,
verwunden.
Man kann auch anders wehtun:
durch innerliche Wunden.
Diese sind schmerzlicher.
Sie vernarben schwer.
Verachtung, Spott –
diese Wunden schließen sich kaum.

Sie haben Dich getreten,
zu Boden geworfen.
Sie haben Dich von oben betrachtet,
ihren Spott mit Dir getrieben.
Du hast ihre Wut,
ihre Kälte, ihre Verachtung erfahren.
Sie machen Dich
lächerlich.
Du, wer ist das?
Du – das ist auch mein Mitmensch.
Das ist jeder,
der von oben herab angeschaut wird.
Jeder, der nicht ernst genommen,
der verächtlich behandelt wird.

»Die Schande bricht mir das Herz
ganz krank bin ich vor Schmach;
umsonst habe ich auf Mitleid gewartet,
auf einen Tröster, doch ich habe keinen gefunden.«
Ps 69,21

Kein Trost
kein Wort
kein Mensch
kein Mitleid
kein Verständnis
kein Blick

Ins Herz getroffen,
weil Du versucht hast, menschlich zu sein.
Schmach über den,
der es gewagt hat,
verletztlich zu sein.
Härte gegen den,
der es wagte,
milde und gewaltlos zu sein.
Und doch gibt es
keinen andern Weg,
um Mensch zu werden.
Der Kreuzweg ist der
(einzige?) Weg zum
Menschen,
der uns selber menschlich macht.

Der Abend hat seine Zeit

Es ist Abend.
Wir legen die Arbeit zur Seite.
Wir nehmen uns Zeit,
werden stiller.

Bilder tauchen auf –
die Menschen, mit denen wir zusammen waren,
die Arbeit, die wir zu tun hatten,
Freude, die wir fanden,
Ärger, den wir trugen.

Es ist Abend,
und wir legen auch die Bilder auf die Seite.
Wir möchten dasein, Gott,
bei Dir, bei den andern.

Wo wir versagten,
bitten wir dich
und einander
um Vergebung.
Was uns gelang, soll eine Quelle werden
für einen neuen Tag.

Herr, unser Gott,
am Abend dieses Tages bekennen wir:
Last, Sorge, Probleme
lassen uns immer wieder eng werden,
enger, als wir eigentlich möchten:
Wir gewöhnen uns, an Not vorbeizusehen,
das leise Zittern in der Stimme
des andern zu überhören,
mit der Zuneigung geizig,
mit den Worten karg zu sein.
Und da begegnen wir
einem Gott,
der verschwenderisch liebt,
Fenster und Türen aufstößt,
alles neu von vorne beginnen läßt,
weil er auf uns zukommt,
neu und überraschend.

Gott,
ein Tag ist vorbei,
und ich suche meine Gedanken zu sammeln,
die Gefühle zu ordnen,
die Bindungen zu sichten,
die Worte nochmals zu sagen,
mit denen ich mich versprochen habe –

und alles zu übergeben,
nicht dem Traum,
nicht dem Vergessen,
sondern Dir.

Und das Übergebene
wird anders –
wird verwandelt,
der Tag ist verziehen
und entrückt
in anderes Licht.

Herr,
laß mich nicht
in leere Worte fallen,
sondern fange mich auf
mit der Macht deines Schweigens –
mit Deiner Nacht.

Die Zeit steht,
es ereignet sich nichts,
um alles Fühlen legt es sich schal,
wie kalter Zigarettenrauch,
und alles, was Funke sein könnte,
fällt in tiefen, schlammigen Grund.
Und wir vergessen selbst,
daß wir da sind,
leben, atmen,
fühlen und hören.
Wir warten,
aber da braucht es kein Warten,
da ist Leben.
Es strömt
und müßte nur ergriffen sein.
Wir warten,
daß etwas kommt,
aufsteigt und uns mitreißt,
das Macht gewinnt, über unsere Ohnmacht.

Du bist ein Gott der Freiheit,
der im Augenblick verborgen ist,
der sich nicht aufdrängt,
nicht bemächtigt,
nicht verwirrt,
nicht betört.
Du wartest,
aber wartend bist Du da.

Es ist Abend,
und ich trage den Tag,
bringe ihn vor Gott,
bringe mich selbst vor Gott:
Was war der Tag wert?
Ist ein Mensch, ein einziger,
etwas glücklicher geworden durch mich?
Ist der Funke gesprungen von mir zu Dir,
von Leben zu Leben?
Habe ich mich dran gegeben,
mich eingelassen,
mich verloren,
ans Leben verloren?

Alles ist Deine Gabe,
und alles ist vergeben,
das Öde und Schale,
gemeine, gierige,
hinterhältige und heuchlerische,
vergeben sind die falschen Bilder,
vergeben und ausgelitten
in Deiner Menschlichkeit.

Manchmal habe ich nichts
als meine Schwäche,
meine Verlorenheit,
meine Einsamkeit,
meine Gewöhnlichkeit,
die mich zu Dir bringt.
Denn ich weiß,
daß meine Schwachheit Dich nicht hindert,
mir nahe zu sein.
Manchmal ist es allein
meine Gewöhnlichkeit,
die Dir noch einen Zugang läßt,
meine Lächerlichkeit,
die verhedderten Situationen,
die verlorenen Stunden,
die mißlungenen Gespräche.
Wie könntest Du mich finden,
wenn ich nicht ab und zu
auf dem Boden landen würde?

Gedreht im steten Wirbel der Gefühle,
fragst du dich,
wer trägt mich,
wen trage ich?
Und was besteht in den reißend wechselnden Bildern,
was bleibt haften,
wenn alles im Dunkel verrinnt?
Ist Treue der Aufstand gegen die Zeit,
der Protest gegen das sinnlose Verrinnen?
Ist es der Glaube an Geltendes,
jenseits allem Wechsel?
Und was vermag dieser Glaube,
diese Treue zu begründen,
wenn sie nicht bereits gegründet ist
in Dir?

Gott,
mach mich fähig
für die Wirklichkeit,
den harten Widerstand,
für das Herbe, das Liebe mit sich bringt,
für die scharfen Konturen,
die verletzen,
für das Leben, das wartet,
die Augen der Alten,
die Körper der Behinderten,
das Reden der Hilflosen.
Gott,
laß mich heraustreten
aus dem Nebel
unverbindlicher Freundlichkeit,
gespielten Mitleids;
aus dem Karussell
der kleinen Freuden und
Befriedigungen;
aus der Mühle
der Kleinlichkeit –
laß mich fähig werden
für die Wirklichkeit.

Der Morgen hat seine Zeit

Gelobt seist Du, mein Gott,
für den Anbruch dieses Tages,
der plötzlich dasteht,
wartend, leer,
der gefüllt sein möchte
mit menschlichen Begegnungen.

Gelobt seist Du für Dein Warten,
Deine Stille,
Dein Begleiten,
Deine leise Gegenwart.

Gelobt seist Du,
weil es heute möglich ist,
Deinen Tag zu leben,
Liebe zu erfahren,

gelobt seist Du für alle Menschen,
in denen Du begegnen wirst.

Gott,
ein neuer Tag
ist wie ein Kind,
das uns anschaut
mit großen, staunenden Augen.
Ein neuer Tag
ist wie ein leeres Glas,
das gefüllt wird,
langsam,
mit Arbeit und Freude.
Ein Tag
ist wie eine Brücke,
die Morgen und Abend
verbindet
und Menschen zusammenführt.
Ein Tag ist wie ein Haus
mit verschlossenen Fenstern,
die sich langsam öffnen.
Ein Tag
ist ein Geschenk,
ein Wort von Dir zu mir,
eine Hand,
ein Weg,
den Du mir
auftust.

Jedes Erwachen ist anders,
und jeder Tag
meldet ein anderes Gesicht. –
Manchmal drängt er ins Bewußtsein,
stellt Fragen, Klagen,
verlangt Wege.

Manchmal ist er
leise wie ein stiller See,
dunkel, rätselhaft,
will ergründet,
erforscht werden.

Und manchmal erwacht
mit dem Tag die Schuld,
Ansprüche, die nicht erfüllt,
Anforderungen, denen nicht
entsprochen werden kann.
Nicht alles sind
deine Ansprüche.
Nicht alle Anforderungen
stammen aus uns.
Nicht alles ist
unsere Schuld.

Herr laß uns sehen, prüfen, wägen
und richtig entscheiden.
Und wo wir nicht mehr weiter wissen,
da lege Deine Macht über unser Versagen,
lege Deine Kraft um unsere Angst.

Plötzlich ist sie wieder da,
die Zeit.
Uhren richten,
Zeit vergleichen,
die Sonne steht da,
die Nacht ist vorbei,
die Zeit dreht ein Rad voran,
will uns einspannen,
vorwärtstreiben,
antreiben.

Dagegen nützt es nichts
sich zu weigern,
zu blockieren,
auszuspannen –
sondern in der Tiefe zu suchen,
die Quelle zu suchen
einer andern Zeit,
einen andern Antrieb –
Dich –
Dein Schweigen –
Dein Verweilen
Deine Gegenwart
in allem, was ist
und lebt
und sich bewegt.

Gott,
wir kommen aus der Tiefe;
aus der Tiefe des Schlafs,
der Wünsche, der Träume –
und wir wollen uns erheben,
unser Herz,
unsern Geist
zu Dir.

Nimm jedes Fünkchen von Liebe an.
Laß uns inne werden,
daß es bereits
Liebe von Deiner Liebe ist,
Wärme von Deiner Wärme,
ein Fünkchen von Deinem Licht.

Und was wir heute versuchen
einander zu geben,
es ist bereits von Dir
geschenkt.

Wir danken Dir.

Gott,
Schritt um Schritt
setze ich in den Tag,
manchmal schnell
manchmal gehemmt und langsam,
mit Bedacht.
Ich schaue vorwärts
und zurück.
Stunde reiht sich an Stunde,
schließt sich zum vollendeten Kreis,
Augenblick reiht sich an Augenblick,
läßt ein Gewebe von Zeit
entstehen:

Herr,
mitten in meinem Tag,
mitten in meiner Zeit
wird etwas hell.
Ich spüre Deine Gegenwart.
Leise und
unfaßbar nahe
bist Du da.

Wenn kein Druck wartet,
keine Aufgabe,
kein Termin,
kein Telefon klingelt,
niemand treibt,
keiner drängt,
nur ein Klang an
das Innen stößt
wie der Anschlag der Stimmgabel,
Sonne und Farben,
dann zeigt die Zeit ihr
anderes Gesicht,
hört auf,
ein rasender Strom zu sein,
wird zum Faden,
zum Netz
das einfängt oder
leer bleibt.

Gott, Deine Gedanken sind
anders, als wir sie denken,
Deine Zeit
hat nichts von dem
bösen, zermürbenden Druck.
Was Du aufträgst,
ist keine Last –
Deine Zeit ist
Ewigkeit –
Du bist Zuneigung,
Geschenk, Herzlichkeit.

Gott,
Du hast das Glück so stark gemacht,
daß ich es nicht stören kann,
den Schlaf so tief,
daß ich ihn nicht verderben,
die Sonne so strahlend, daß ich sie
nicht überschatten kann,
die Nacht so schwarz,
daß sie nie ganz
ausgeleuchtet wird.

Lehre mich darum,
was Glück ist,
Licht und Nacht.
Lehre mich, dies alles zu leben,
aus der Mitte heraus,
und auch die Zeit –
wenn sie pocht und reißt
und wenn sie langsam
fließt und
schweigt.

Trauern hat seine Zeit

Herr, erbarme dich unser
und unserer Verstorbenen.
Du allein weißt,
welche Worte ungesagt blieben,
wo wir aneinander schuldig wurden.
Du allein hast aber auch die Kraft, zu vergeben,
über den Tod hinaus zu vergeben.
Darum bitten wir,
nimm unser Beten an,
vollende Du,
was wir Menschen nie ganz vollenden können.
Nimm unsere Schwachheit,
aber auch unsern guten Willen an.
Gib Friede unseren Verstorbenen,
Gemeinschaft in Deinem Reich,
mit Dir und Deinem Sohn.

Man kann viele Fragezeichen stellen,
sie Gott hinhalten:
Was ist mit Deinem Weltregiment,
warum tust Du das,
man kann auch protestieren,
aufhören zu beten.

Nur: Der Gott der Bibel ist anders,
im Grunde treffen ihn diese Fragen nicht.

Denn Gott tritt hinein in unsere Fragen,
in unsere Zweifel, in unsere Not.
Er kommt nicht als Starker,
sondern als das kleine, schutzlose Kind.
Er trägt unsere Zweifel, Fragen und Sorgen.
Er ist das kleine Kind,
der kleine Stern,
der scheinbar ohnmächtige Gott,
der Christus,
der Gekreuzigte,
der Gott der Beladenen, der Zweifelnden ...

Gott nimmt das Schwache auf.
Dort beginnt er,
mit dem, was in uns schwach ist –
mit unserem kleinen Glauben,
mit der kleinen Hoffnung,
mit dem schwachen Vertrauen beginnt er
und führt es und läßt
daraus das Neue entstehen.

Ich glaube an einen Gott,
der ins Dunkel des Todes ruft;
ich glaube an den Auferstandenen –
und darum an die Auferstehung,
an die Wende im eigenen Leben;

daß das letzte Wort Liebe heißt,
daß sie eine Macht ist,
die durch nichts bezwungen wird;
ich glaube, daß wir auferweckt sind zur Liebe.

Ich glaube, daß Jesus beim Vater ist,
daß es eine Heimkehr gibt;
daß der Erniedrigte erhöht,
der Beleidigte verherrlicht,
der Geschlagene der Sohn Gottes ist.

Ich glaube, daß Du, Vater,
alles in unsere Hände,
in unsere Verantwortung legst.
Dein Vertrauen weckt unseren Glauben,
Deine Nähe befreit uns,
macht uns fähig, Antwort zu geben,
die freie Antwort der Liebe.

Gott,
wir nehmen Abschied von unseren Toten,
wir versuchen, es im Glauben zu tun,
sie Dir zu übergeben.
Du weißt,
was solche Stunde an Schwerem mit sich bringt,
Du weißt auch,
welch große Aufgabe wartet,
daß dieses Abschiednehmen immer neu aufgegeben wird,
daß es lange dauern wird,
bis wir begreifen können,
daß der Verstorbene jetzt Dir gehört.
Gott,
gib zu diesem langen Weg
Deinen heiligen Geist,
gib, daß sich hier unsere Gemeinschaft bewährt,
daß das Miteinander tragfähig, spürbar wird,
daß aus dieser Trauer
die Frucht der Hoffnung erwachsen kann.

Vater im Himmel.
Wir denken an die Menschen,
die wir gern gehabt haben,
die uns nahe waren,
die ein Stück Weg mit uns gegangen sind.
Wir haben sie hergeben müssen.
Sie sind von uns getrennt,
die Erinnerungen tun uns weh.
Du, Vater, hast Deinen Sohn hingegeben.
Du hast seinen Weg unter den Menschen gesehen:
die Ablehnung,
die Verurteilung,
den Tod.
Er ist den gleichen Weg gegangen.
Er hat die gleiche Last getragen.
Er ist uns Bruder geworden,
Bruder auch für unsere Verstorbenen.
Wir glauben, daß der gleiche Weg
zum gleichen Ziel führt.
Zum Leben und zu Dir.

Herr,
es gibt den Tod der berühmten Leute,
an die alle Welt denkt.
Es gibt den verborgenen Tod
der Kleinen,
die unbemerkt von der Öffentlichkeit sterben.
Es gibt auch den
schrecklichen Tod der Menschen,
die zum Opfer von Gewalt und Verbrechen werden.
Vergib uns,
daß unsere Welt noch heute so ist:
daß es Länder gibt, in denen
gefoltert, gequält, getötet wird;
daß unsere Stimmen und Proteste nicht mehr
auszurichten vermögen.
Du hörst das Weinen aller Menschen;
aber die Klagen der Kleinen, Schwachen und
Unschuldigen – sie schrein zu Dir.

Herr,
wir alle gehen dem Tod entgegen,
müssen einmal das Sterben bestehen.
Einmal ist der Gedanke daran weit weg,
einmal ist er bedrückend nahe
und ängstigt uns.

Für Deinen Sohn
war der Tod ein Übergang,
notwendig.
Weil er klein wurde, hast Du ihn erhoben.
Weil seine Hände leer wurden, hast Du ihn beschenkt.
Weil er diente, hast Du ihn zum Herrn gemacht.
Weil er starb, gabst Du ihm das Leben.

Laß uns leer werden;
unsere Schwäche,
unser Altern in diesem Licht sehen –
als Gang in den Tod, gewiß,
aber auch als einen Schritt hin zu Dir.

Gott,
Du hast uns diese Welt anvertraut,
sie soll neu werden,
verwandelt.
Du hast uns Geist und Phantasie gegeben,
schöpferisch mit dieser Welt umzugehen,
Krankheit zu heilen,
Dürre zu bekämpfen,
Katastrophen zu besiegen,
Unglück zu vermeiden.
In unsern Händen liegt es,
Leben zu schaffen und zu erhalten,
dem Tod, dem Sterben
Boden abzutrotzen,
Leben abzugewinnen.
Gib uns Deinen Geist,
Ausdauer,
Klugheit,
Mut
und Kraft,
Werkzeug des Lebens zu sein.

Vergeben hat seine Zeit

Wenn wir ganz still sind,
ganz bereit,
ganz offen,
wenn wir unsere Hände auftun,
wenn wir bereit sind,
uns führen zu lassen,
wenn auch unser Inneres sich öffnet,
wenn wir wagen,
Dein Wort in unsere Mitte treten zu lassen,
dann geht uns auf:
Du liebst uns,
schenkst uns Vergebung,
führst uns bei der Hand.

Herr, gib uns dieses Wort,
und mach es stark,
laß es zum Samen werden,
der in uns aufgeht, der trägt.

Herr, wir danken Dir,
wir trauen Deinem Wort,
wir glauben an das Licht.

Und Deine Vergebung nehme uns in Dienst,
damit auch wir
dem Bruder, der Schwester
von Herzen vergeben.

»Er kam in das Seine –
doch die Seinen nahmen
Ihn nicht auf«

Joh 1

Es kam einer,
der war gut,
er kam von Gott,
trug seine Liebe,
bot sie an,
bot jedem
unermeßliche Liebe an. –

Aber die Liebe
war nicht gefragt,
sie nahmen ihn nicht auf,
sie ließen ihn sitzen
mit seiner Botschaft,
ließen ihn in die Leere laufen,
durchfallen,
und er fiel
unter den Schlägen der Menschen,
stürzte in den Tod.

Er kam in das Seine,
doch die Seinen
nahmen ihn nicht auf.

Gott,
Du bist unberechenbar.
Du bist anders als wir denken,
anders als wir es erwarten.
Du bist unberechenbar,
weil Du Deine Liebe nicht berechnest und einteilst.
Weil Du Deine Sonne aufgehen läßt
über Gerechte und Ungerechte.
Wir Menschen sind berechenbar,
wir rechnen aus,
wen wir lieben wollen,
und wenige sind es,
an die wir uns verschenken.
Herr,
laß uns frei werden von unseren Vorbehalten,
von unsrer Scheu zu lieben.
Amen.

Gott,
Du erhebst das Niedrige
und richtest das Gebeugte auf.
So nimm uns heute an.
Über das Mißlungene belehre uns,
was halb vollendet blieb, vollende,
was gut ist, bewahre,
was aber böse war,
umschließe mit Deiner Vergebung
und gib uns durch Dein Verzeihen
einen neuen Anfang.

Herr, Du willst uns
eine Chance geben –
willst nochmals
auf uns warten,
daß wir den rechten
Weg finden,
menschlich handeln,
bereit sind zum Vergeben.

Dann willst Du
auch menschlich sein,
vergeben,
warten
und mit uns gehen.

Aber weiß ich –
wo beginnen?
Kenne ich meinen Weg?
Ist er richtig?
Verfehlt er das Ziel?

Gott, wenn Du da bist,
weiß ich,
wie handeln,
wo beginnen.

Du mußt es schenken,
daß ich das richtige sehe –
Du mußt die Kraft geben,
damit ich es tue. Amen.

Ich glaube,
daß Gott mich annimmt,
mehr als ich mich selber
annehmen kann.

Ich glaube, daß er mich liebt,
mehr als ich jemals
lieben kann.

Ich glaube,
daß er mich ergriffen hat,
mehr als ich es je
begreifen werde.

Und wenn ich schuldig werde,
trägt Er
meine Schuld;

wenn ich schlage,
fängt Er
die Schläge auf;

wenn ich falle,
stürze ich auf Ihn hin.

Ich glaube,
daß Gott größer ist
als unser Herz
und alles weiß und verzeiht. Amen.

Ein Mann hatte zwei Söhne. Der jüngere von ihnen sagte zum Vater: Vater, gib mir den Teil des Vermögens, der mir gehört.

Vater, Du hast Geduld,
Du siehst Deinem Sohn zu,
der sich von Dir trennt,
läßt ihn ziehen,
sein Erbe verschleudern.

Sohn, Du schaust nicht zurück,
Du siehst den Vater nicht,
seinen Kummer, seine Sorgen –
Du denkst nur an Dich.

Vater, sind wir das?

Da ging der Sohn in sich und dachte: Wie viele Tagelöhner meines Vaters haben Brot im Überfluß, ich aber gehe hier zu Grunde an Hunger.

Solange wir leben,
ist die Umkehr möglich,
es ist Deine Liebe,
die uns zurückruft, zurückholt,
immer noch vermag sie
den verlorenen Sohn zu erreichen,
immer vermag Dein Wort
uns zu erreichen.

Der Vater lief ihm entgegen, fiel ihm um den Hals und küßte ihn.

Gott, Du hast das Herz eines Vaters,
Du schließt den heimkehrenden Sohn in Deine Arme.
Du fragst ihn nicht aus,
machst ihm keine Vorwürfe,
rechnest ihm den Kummer nicht vor.
Heimkehr ist alles, Liebe ist alles.
Gott, Du vergibst wirklich von Herzen.
Können wir einander von Herzen vergeben?

Da wurde der ältere Sohn zornig und wollte nicht eintreten.

Gott, das ist die schäbigste Art,
wie wir auf Deine Liebe reagieren:
Der Bruder – ist er ein Bruder? –
mag Deine Liebe nicht sehen.
Er möchte Gerechtigkeit,
Rache, möchte einen Vater,
der den Bruder bestraft.

Gott, das ist das Versagen der Menschen
vor Deinem Herzen.
Sie können es nicht verstehen,
daß Du grenzenlos liebst.
Und doch leben wir davon:
Lehre uns darum,
wirkliche Brüder und Schwestern zu sein.

Glauben hat seine Zeit

Ich glaube,
daß Du, Gott,
diese Welt erschaffen hast.
Du sorgst für sie
wie ein Vater,
wie eine Mutter;
nichts, was geschieht,
bleibt ohne Sinn.
Dein Wille geschieht
im Himmel und auf Erden.

Ich glaube,
daß Jesus unser Bruder ist.
Er begleitet uns
auf jedem Weg,
auch auf dem beschwerlichen.
Er ist ein Weggefährte,
der beste, den ich mir
denken kann.

Ich glaube,
daß der Heilige Geist
unser Herz kennt,
auch seine geheimen Winkel

und verborgenen Wünsche.
Er hilft uns, ehrlich zu sein;
daß ich mich annehmen kann,
so wie ich bin.

Wir glauben,
daß Gott der Vater
unsres Lebens ist.
Er hat es gewollt,
er hält es in seiner Hand,
es entwickelt sich
nach seinem Plan.

Wir glauben,
daß Jesus
unser Wachsen begleitet.
Er weiß,
wohin das Leben führt,
er kennt das Ziel,
er macht uns Mut.

Wir glauben,
daß Gottes Geist
in uns wohnt.
Er ist eine Kraft.
Sie hilft uns,
das Leben zu entfalten,
Blüte und Frucht zu bringen.

Wir glauben,
daß die Menschen
eine Gemeinschaft sind.
Keiner lebt für sich selbst.
Mein Lebensbaum bringt Frucht
auch für die andern. Amen.

Du, Vater, hast diese Welt geschaffen.
Die Welt ist aber nicht fertig.
Sie hat Dornen.
Sie hat Aufgaben.
Wir müssen sie anpacken.

Du hast uns Deinen Sohn gegeben
und viele gute Menschen.
Sie leben nicht für sich.
Sie sind da für die Mitmenschen.

Dein Heiliger Geist ist eine Kraft.
Sie lehrt uns:
das Teilen,
das Helfen,
das Mitleid
und die Mitfreude.

Wir Menschen sind eine große
Gemeinschaft, eine Kirche.
Die ganze Welt gehört zusammen.
Diese Erde kann eine Heimat sein.
Für uns und für alle.

Ich glaube,
daß Gott wie ein Hirte sorgt.
Er stärkt das Schwache,
heilt das Kranke,
verbindet das Verletzte.
Er sucht das Verlorene
und fördert das Starke.
Er gibt uns die Luft zum Atmen,
die Freiheit zum Lieben,
den Grund zur Freude.

Ich glaube,
daß in Jesus
der Hirte der Menschen erschienen ist,
seine Hingabe wurde uns zum Heil,
sein Sterben zur Rettung,
sein Tod zum neuen Anfang.

Ich glaube,
daß Gottes Geist uns Mut macht,
füreinander da zu sein,
zu sorgen, wie Gott sich um uns sorgt,
zu tragen, weil Gott uns trägt,
zu lieben, wie wir selbst geliebt sind
und unsere Grenzen anzunehmen,
weil wir vom unbegrenzten Gott umfangen sind.

Wir glauben an einen Gott,
der uns Menschen nahe ist,
der uns liebt,
der uns Vater
und Mutter,
Bruder und Schwester wird.

Wir glauben,
daß seine Liebe uns
stark macht,
uns trägt.
Aus ihm können wir
einander annehmen,
einander Vater und Mutter,
Bruder und Schwester sein.

Wir glauben,
daß Gott an unserer Welt liegt,
daß sie seine Spuren trägt,
seine Gabe ist,
die wir einander schenken
und miteinander teilen.
Durch ihn finden wir
einen Platz im Leben.
Er schlägt Brücken
von Mensch zu Mensch.
Er nennt uns beim Namen,
ruft uns zur Antwort,
zur Ver-antwortung.

Wir glauben,
daß es sich lohnt,
auf dem Weg zu sein,
bei Jesus
das Fragen
das Suchen
und das Hoffen zu lernen,
den Mut zu unbedingter
Menschlichkeit.

Wir glauben,
daß Gottes Geist
noch Überraschungen für uns hat,
daß er unsere Ohren öffnet,
unser Herz verständig macht,
daß er uns das Wort gibt,
das uns zum andern
trägt.

„Mein Herr und mein Gott,
nimm alles von mir,
was mich hindert zu Dir.
Mein Herr und mein Gott,
gib alles mir,
was mich führet zu Dir.
Mein Herr und mein Gott,
o nimm mich mir
und gib mich ganz zu eigen Dir."

Ich glaube, daß Du, Gott,
unser Vater bist,
uns alles gibst, uns ganz liebst
mit unserm Licht, mit unserm Schatten;
ich glaube, daß Du das Dunkel
in Freude verwandelst.

Mein Herr und mein Gott,
Du kennst mich und siehst,
was ich denke, was ich bin.
Mein Herr und mein Gott,
Du trägst mich und gibst
in die Angst hinein Dein Licht.
Mein Herr und mein Gott,
die Liebe vergibt,
sie führt uns zum Leben, zur Freude,
zu Dir.

Ich glaube, daß in Jesus
Dein Wort erschienen ist,
daß er uns zum Brot wird,
das nährt und trägt;
ich glaube, daß der Geist Jesu
diese Welt zur Vollendung führt.

Mein Herr und mein Gott,
Du schenkst uns Dein Wort,
öffnest uns für alle Not.
Mein Herr und mein Gott,
Dein Wort wird zum Brot,
setzt durch uns das Teilen fort.
Mein Herr und mein Gott,
Dein Sohn schenkt sich hin,
sein Brot nährt mit Liebe,
sein Wort bringt uns Sinn.

Ich vertraue Dir,
Gott.
Du hast das Licht geschaffen,
daß es leuchte.
Du hast eine Erde gewollt,
auf der sich leben läßt.
Durch unsere Schuld haben wir
unser Leben entstellt.

Ich vertraue Dir,
Gott.
Du bist wahr.
Du bist Dir selbst treu geblieben
und hast unser Heil gesucht
in Jesus Christus,
Deinem Sohn.
Leiden und Tod hat er nicht gescheut.
Er hat uns Deine Nähe und Güte erwiesen.

Ich vertraue Dir,
Gott.
Du bist Leben.
Aus Dir kann ich leben.
Du nimmst mich an.
Du hast von Deinem Leben
in unser Leben geschenkt.

Ich glaube an einen Gott,
dem an den Menschen liegt,
der sich anrufen läßt,
der unseren Tagen eine Mitte
und unserm Leben Sinn,
Einheit, Tiefe geben kann.

Ich glaube,
daß in Jesus Christus
Gottes Nähe fühlbar, greifbar wurde;
daß in Jesus
ein Weg aufgegangen ist;
daß in ihm etwas aufleuchtet
von der verborgenen Ganzheit,
auf die die Welt zugeht.

Ich glaube,
daß der Geist Gottes
in der Welt wirkt,
sich in Irrsal und Wirrsal durchsetzt
und die Menschen verbindet,
stärker als alles,
was jetzt noch trennt.

Ich glaube an die Zukunft Gottes,
und deshalb hoffe ich
für die Welt.